我怎样学习地理

[美]尤里·舒利瓦茨 著　　　彭懿　杨玲玲 译

北京麦克米伦世纪咨询服务有限公司
北京市海淀区花园路甲 13 号院 7 号楼庚坊国际 10 层
邮编：100088　电话：010-82093837
新浪官方微博：@麦克米伦世纪出版

麦克米伦世纪童书

图书在版编目（CIP）数据

我怎样学习地理 ／（美）舒利瓦茨著；彭懿，杨玲玲译．
— 南昌：二十一世纪出版社，2012.5（2017.4重印）
ISBN 978-7-5391-7445-7
Ⅰ．①我… Ⅱ．①舒… ②彭… ③杨…
Ⅲ．①儿童文学－图画故事－美国－现代 Ⅳ．① I712.85

中国版本图书馆 CIP 数据核字（2013）第 145385 号

How I Learned Geography
First published by Farrar, Straus and Giroux, LLC
HOW I LEARNED GEOGRAPHY by Uri Shulevitz
Copyright © 2008 by Uri Shulevitz
版权合同登记号：14-2012-071

我怎样学习地理

[美] 尤里·舒利瓦茨 著　彭　懿 杨玲玲 译

编辑统筹	魏钢强	经　销	全国各地书店	
责任编辑	连　莹	印　刷	北京尚唐印刷包装有限公司	
特约编辑	唐明霞	版　次	2012 年 5 月第 1 版　2017年4月第 8 次印刷	
美术编辑	鞠一村 费　广	开　本	787×1092　1/12	
出版发行	二十一世纪出版社　（江西省南昌市子安路 75 号　330009）	印　张	2.666	
	www.21cccc.com　cc21@163.net	书　号	ISBN 978-7-5391-7445-7	
出 版 人	张秋林	定　价	28.80 元	

赣版权登字 04-2012-101

谨以此书纪念我的父亲

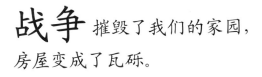

战争摧毁了我们的家园，
房屋变成了瓦砾。

我们失去了拥有的一切，
两手空空地逃了出来。

我们一直往东走了很远的路，
来到了另外一个国家，
那里的夏天很热，冬天很冷。

那个城市里的房子，
是用粘土、稻草和骆驼粪造的，
四周是尘土飞扬的大草原和灼热的太阳。

我们和一对不认识的夫妻，
住在一个小房间里。
我们睡在泥地上。
我没有玩具，也没有书，
最糟糕的是：我们缺少食物。

有一天，

父亲去集市买面包。

到了黄昏，他还没有回来。

母亲和我又饿又担心。

天快黑的时候，他才回到家。

他的胳膊下边夹着长长的一卷纸。

"我买了一幅地图。"他得意地宣布说。

"面包呢？"母亲问。

"我买了一幅地图。"他又说了一遍。

母亲和我说不出话来了。

"我的钱只够买一小片面包，那样我们还是吃不饱。"他怀着歉意解释说。

"今天晚上没有晚饭了，"母亲恨恨地说，"用地图当晚饭吧。"

我一肚子火气。

我想我永远都不会原谅父亲了。

我饿着肚子去睡觉，而这时，

和我们住在一起的那对夫妻正在吃着少得可怜的晚饭。

那个丈夫是作家。他写作的时候很安静，可是，天啊！
他嚼东西的声音实在太响了。
他起劲儿地嚼着一小片面包，就好像那是世界上最美味的佳肴。
我好羡慕他的面包，真希望嚼面包的人是我。
我用被子蒙住头，这样我就听不到他开心地咂嘴巴的声音了。

第二天，父亲把地图挂了起来。

它占据了整整一面墙。

我们昏暗的房间顿时变得五彩缤纷。

我开始迷上了这幅地图。

我几个小时、几个小时地盯着它看，
研究它的每一个细节。

我还花了很多天时间，
把地图画在我能找到的纸片上。

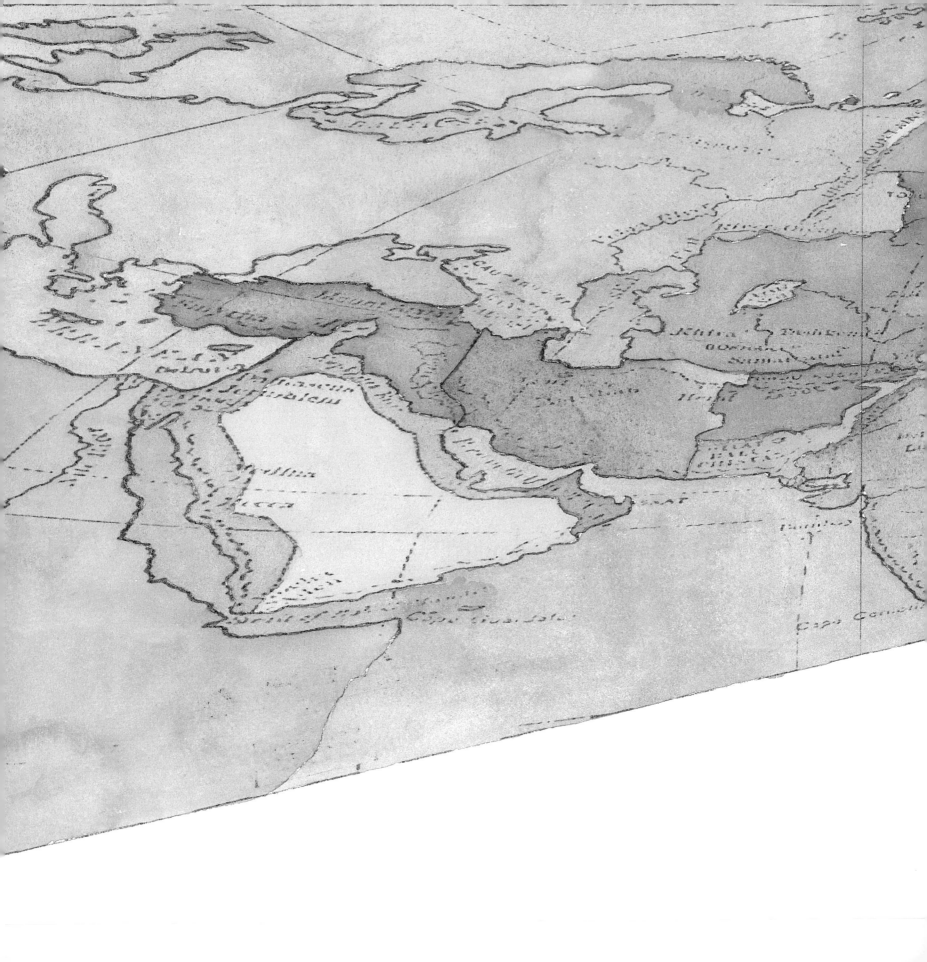

我从地图上找到好多奇怪的地名，
它们那带有异国情调的发音让我着迷。
我用它们编成了一首小小的押韵诗：

福冈 高冈 鄂木斯克，

福山 永山 托木斯克，

冈崎 宫崎 平斯克，

宾夕法尼亚 特兰西瓦尼亚 明斯克！

我一遍又一遍地念着这首诗，它像魔咒一样，
把从没离开过房间的我，带到了遥远的地方。

我降落在滚烫的沙漠里。

我奔跑在海滩上，感觉沙子在脚趾间流淌。

我爬上了雪山，

那里的寒风舔着我的脸颊。

我看到了奇妙的寺院，

那里的石雕在墙壁上起舞。

还有五颜六色的鸟，在屋顶上歌唱。

我穿过了果树林，
那里的番木瓜和芒果任我吃个够。

我喝了清凉的水，
在棕榈树下休息。

我来到了一座高楼林立的城市，
数着数也数不清的窗户，
还没有数完我就睡着了。

我就这样度过了许多魔法般的时光，
远离了我们身处的饥饿和痛苦。

我原谅了我的父亲。

毕竟，他是对的。

作者后记

1935年，我在波兰的华沙出生。1939年华沙遭到闪电式空袭时，我才四岁。我记得街道塌陷下去，楼房在燃烧，化成了一片瓦砾，有一颗炸弹还掉进了我们公寓楼的楼梯间。没过多久，我和我的家人便逃离了波兰，在苏联生活了六年。我们大部分时间住在亚洲的中部，住在土耳其斯坦，现在叫哈萨克斯坦的一个城市里。我们终于在1947年到达法国巴黎，然后在1949年搬到了以色列。1959年，我来到了美国。书中的故事，发生在我四五岁、我们一家住在土耳其斯坦的时候。原来的那幅地图很久以前就遗失了，于是我根据对它的记忆，用拼贴、钢笔、墨水和水彩，又创作了一幅地图。

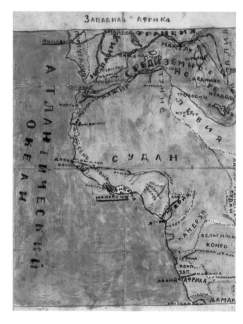

这是我七八岁的时候，在土耳其斯坦照的照片，也是我在那个年龄仅存的一张照片。我知道那是在冬天拍的，因为照片里我穿着一件手工缝制的棉夹克，天冷的时候几乎每个人都会这样穿。

我十岁的时候，在一张信纸的背面画了这幅非洲地图。我很幸运，这张信纸只有一面写了字，因为那时纸是奢侈品，绝大多数的纸都会写满正反两面。这幅地图里的标注用的是俄语，过去我可以流利地讲俄语，但现在只记得几个单词了。

当时我十三岁，我们一家人住在巴黎，我根据记忆画了这张土耳其斯坦中心集市的图画。在巴黎，我成为了一名废寝忘食的漫画书读者，所以这幅画具有漫画风格。房子上的招牌是俄文，意思分别是"理发店"和"茶馆"。那时候，我是一所法国小学的学生，在一次我们那个地区所有小学都参加的绘画比赛中，我幸运地成为了获奖者。这是我取得的第一个艺术成功。